## Dankeschön!

Für die freundliche Unterstützung bedanken wir uns herzlich bei Anja Gottwald, einer der Initiatorinnen des Projektes NawiKi an der Universität Hamburg und seit drei Jahren selbst in Kitas und Grundschulen experimentierend, den Kindern des Kindergartens „Mäuseburg" in Osterby mit dem Erzieher Marco Lemke und bei Magrit Parchwitz, Waldpädagogin, die gerne mit Kindern experimentiert und mit ihnen neugierig naturwissenschaftlichen Fragen auf den Grund geht.

Die Experimente in diesem Buch sind von der Autorin und vom Verlag sorgfältig ausgewählt und geprüft. Dennoch kann keine Garantie übernommen werden. Eine Haftung der Autorin bzw. des Verlags und seiner Beauftragten für Personen-, Sach- und Vermögensschäden ist ausgeschlossen.

© 2008 Esslinger Verlag J.F. Schreiber
Anschrift: Postfach 10 03 25, 73703 Esslingen
www.esslinger-verlag.de
Alle Rechte vorbehalten
Text: Ruth Gellersen
Illustration: Ulrich Velte
Redaktion: Larissa Leibrock
Layout und Satz: Jenny Alber
ISBN 978-3-480-22414-2

# Richtig clever!

## Experimente rund um die Umwelt

Ruth Gellersen · Ulrich Velte

esslinger

# Vorwort

Liebe Eltern,

Kinder forschen und entdecken – den ganzen Tag! Gerade in den ersten Lebensjahren gehören für Kinder viele Dinge, die für Erwachsene ganz selbstverständlich sind, in die Welt der Experimente. So werden schon beim Zuknöpfen der eigenen Jacke oder beim Füllen eines Messbechers wichtige Erfahrungen gesammelt. Experimente müssen also nicht immer gleich knallen und zischen.

Forschen Sie gemeinsam mit ihrem Kind. Ermutigen Sie es, Fragen zu stellen, sich zu wundern und neue Dinge auszuprobieren. Denn es geht nicht um eine perfekte Ausführung der Experimente. Viel wichtiger ist, ihr Kind beim Entdecken seiner Umwelt zu unterstützen. Ohne vorgefertigte Antworten und Lösungsvorschläge, sondern mit viel Neugier, Zeit und Interesse.

In diesem Buch finden Sie Experimente:

▶ Für Einsteiger
▶ Für Fortgeschrittene
▶ Für Profis

Je nach Entwicklungsstand und Alter Ihres Kindes.

Die klaren Schritt-für-Schritt-Anleitungen erleichtern Ihrem Kind und Ihnen den Aufbau und die Durchführung der Experimente.
In den farbigen Kästen finden Sie kurze naturwissenschaftliche Erklärungen, Spielanleitungen, Sachtexte und Ideen rund um das jeweilige Experiment.

Viel Spaß beim gemeinsamen Experimentieren wünscht

*Ruth Gellersen*

Hallo Forscher!

Welche Dinge gehören auf den Komposthaufen und welche nicht? Was passiert in einer Kläranlage? Warum wachsen Pflanzen in Gewächshäusern besonders gut und wie bestimmst du die Windrichtung?

Der Ausbruch eines Vulkans ist, aus sicherer Entfernung betrachtet, ein faszinierendes Ereignis. Hier lässt du selbst einen Vulkan im Sandkasten brodeln.

Die allermeisten Experimente kannst du allein machen. Wenn du dieses Bild siehst, experimentierst du am besten gemeinsam mit deinen Freunden.

Viele Zutaten findest du bei euch zu Hause – so kannst du gleich anfangen zu experimentieren.

Besonders spannend wird es oft dann, wenn ein Experiment nicht so klappt, wie beschrieben oder wie du es dir vorgestellt hast. Forsche dann doch einfach mal weiter – bestimmt entdeckst du noch viele andere tolle Dinge.

Viel Spaß beim Forschen und Experimentieren wünscht dir deine Entdecker-Eule

Agathe

# Inhaltsverzeichnis

Extra!

# Berge aus Eis

Für Einsteiger

Am Nordpol und am Südpol gibt es riesige Berge aus Eis. Finde heraus, ob Eisberge auf dem Grund des Meeres verankert sind oder auf dem Wasser schwimmen.

**Du brauchst:**

- eine Schale
- Wasser
- Eiswürfel

**1**

Fülle Wasser in die Schale.

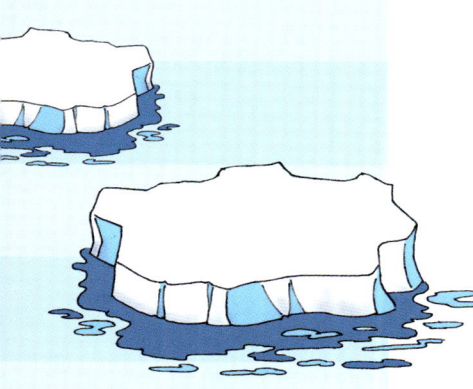

Gib die Eiswürfel in die Schale, sodass sie wie kleine Eisberge im Wasser liegen.

**2**

**3**

Beobachte, ob die Eiswürfel untergehen oder an der Wasseroberfläche schwimmen. Was siehst du?

**???** ▶ **Warum ist das so?**

Die Eiswürfel schwimmen auf dem Wasser und gehen nicht unter. Das liegt daran, dass Eis leichter ist als Wasser. Deshalb schwimmen auch Eisberge auf dem Meer und sind nicht fest im Boden verankert.

## Eisberge

Eisberge sind riesige Massen aus Eis, die auf dem Meer schwimmen. Sie entstehen, wenn große Stücke eines Gletschers abbrechen und ins Meer rutschen. Diesen Vorgang nennt man „Kalben". Manche Eisberge entstehen auch durch das Auftürmen von Pack- eis, einer Eisdecke aus vielen zusam- men- und übereinandergeschobenen Eisschollen. Vorbeifahrende Schiffe müssen gut aufpassen, denn der größte Teil eines Eisberges befindet sich unter Wasser und ist nicht zu sehen.

# Energie aus der Sonne

Für Profis

**Du brauchst:**

- zwei etwa gleich große Gefäße
- Wasser
- zwei Gummiringe
- schwarze Plastikfolie
- durchsichtige Plastikfolie
- einen sonnigen Tag
- 

Aus warmen Sonnenstrahlen kann man Energie gewinnen. Damit erzeugt man Strom oder auch Wärme für die Heizung und warmes Wasser.

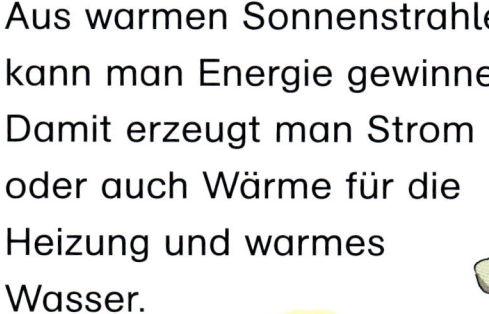

Fülle an einem Waschbecken Wasser in die beiden Gefäße, sodass sie gut gefüllt sind.

Umwickle das eine Gefäß mit schwarzer Plastikfolie und befestige diese so mit einem Gummiring, dass sie nicht verrutscht und das Wasser nicht berührt. Am besten geht das zu zweit.

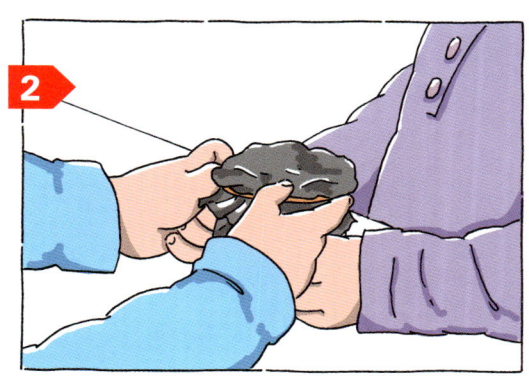

**4**

Verschließe das Glas mit dem Deckel und schüttle es kräftig.

**???** **Was passiert?**

Die feinen Sand- und Glitzerpartikel werden durch das Schütteln aufgewühlt. Du kannst beobachten, wie die Figur im Glas zunächst vom Sandsturm eingehüllt wird. Erst nach und nach sinken die kleinen Teilchen nach unten und die Sicht wird wieder frei. Du kannst auch feststellen, dass der schwere Sand schneller zu Boden sinkt als der Glitzerstaub.

## Schnelle Staubwolke

Im größeren Maßstab ist ein Sandsturm ein starker Wind, der heiß und trocken ist. Er wirbelt sehr viel Sand und Staub auf und reißt diesen dann mit sich – manchmal über riesige Entfernungen. So gelangt zum Beispiel auch Sand aus der Sahara zu uns nach Europa. Die Sahara liegt in Nordafrika und ist die größte Trockenwüste der Erde. Sandstürme verändern immer auch das Wellenmuster der Dünen in den Wüsten.

Papierkorb oder Blumenwiese – wohin gehört der Müll? Entscheidet sich Agathe an den Weggabelungen richtig, findet sie zu ihrem Schlafplatz zurück. Hilfst du ihr dabei?

# Das Wind-Schwein

Für Profis

**Du brauchst:**

- Pappkarton
- Farbstifte
- durchsichtige
  Klebefolie
- eine Schere
- einen Strohhalm
- Klebeband
- einen Holzspieß
- einen Blumentopf

An manchen Tagen ist es ganz windstill, an anderen pfeift der Wind ums Haus. Dieses Wind-Schwein bewegt sich im Luftzug, sodass du immer siehst, ob es draußen gerade windig ist.

**1**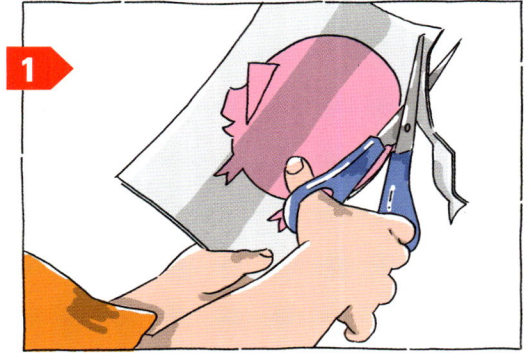

Zeichne ein Schwein auf Pappkarton und beklebe diesen auf beiden Seiten mit durchsichtiger Klebefolie. Schneide das Schwein aus.

Knicke das obere Ende des Strohhalms um und befestige den geknickten Teil mit Klebestreifen auf einer Seite des Schweins.

**2**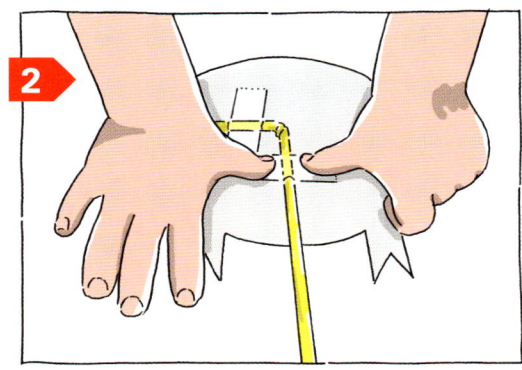

**3**

Schiebe den Holzspieß in den Strohhalm.

**4**

Stecke das fertige Wind-Schwein in einen Blumentopf im Garten oder auf dem Balkon.

**??? ▶ Was passiert?**

Der Luftzug des Windes prallt auf die Fläche des Wind-Schweins und bewegt es hin und her. So siehst du nicht nur, ob es draußen windig ist, sondern auch, aus welcher Richtung der Wind gerade weht.

**... noch mehr Spaß!**

Rot-weiß-gestreifte Windsäcke siehst du oft an Brücken und Flugplätzen. So bastelst du dir selbst einen Windsack: Schneide dafür das Hosenbein einer alten Hose etwa auf Kniehöhe ab. Bohre mit einer spitzen Schere vorsichtig drei Löcher in den Hosenrand. Fädle drei gleich lange Schnüre durch die Löcher, verknote sie und befestige die Schnurenden an einem langen Holzstab. Stelle den Hosen-Windsack an einer besonders windigen Stelle im Garten oder Park auf. Bei Wind bläht sich die Hose auf und zeigt dir dabei, in welche Richtung der Wind weht.

# Warm oder kalt?

Für Einsteiger

Dämmstoffe sorgen dafür, dass es im Sommer im Haus kühl und im Winter warm bleibt. Hier kannst du die Wirkung eines Dämmstoffes selbst testen.

**Du brauchst:**

- zwei Trinkflaschen
- kaltes Wasser
- Zeitung

Fülle das kalte Wasser in die beiden Trinkflaschen.

Wickle eine Trinkflasche in Zeitungspapier ein. Das ist dein Dämmstoff.

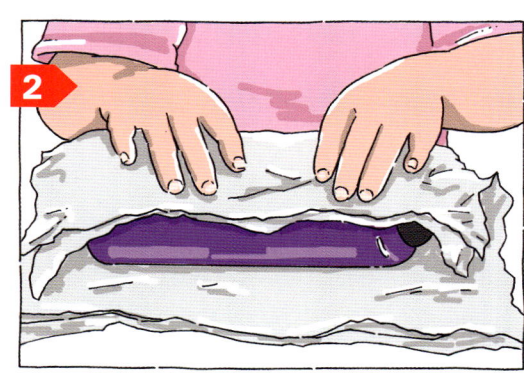

Stelle die beiden Flaschen in die Sonne. Nun brauchst du etwas Geduld.

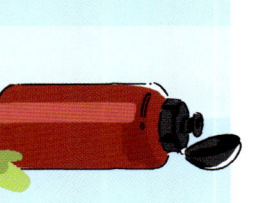

4

Nach einiger Zeit trinkst du aus jeder Flasche einen Schluck Wasser. Bemerkst du einen Unterschied?

??? ▶ **Warum ist das so?**

Das Getränk in der Flasche, die nicht in Dämmstoff eingewickelt wurde, ist wärmer. Denn das Verpackungsmaterial der anderen Flasche verhindert, dass sich das kalte Getränk zu schnell aufwärmt. Umgekehrt funktioniert es auch: Mit Dämmstoff verliert ein heißes Getränk nicht so schnell an Wärme.

## Was wird gedämmt?

Überall in deiner Umgebung kannst du die verschiedensten Dämmstoffe entdecken. In Häusern halten Dämmstoffe die Heizungswärme im Winter lange im Haus. Im Sommer sorgen sie dafür, dass keine Wärme von außen ins Haus dringt – so bleibt es angenehm kühl. Stroh oder Zeitungspapier sind gute und einfache Dämmstoffe. Auch in Kühlschränken oder in der Badewanne werden sie eingesetzt. Wo gibt es noch Dämmstoffe?

# Der Korken-Kompass

## Du brauchst:

- einen Korken
- ein Messer
- einen starken Magneten
- eine Nähnadel
- Klebestreifen
- eine Schale mit Wasser

Mit einem Kompass kannst du herausfinden, in welcher Richtung Norden und Süden liegen und dich so beim Wandern, Roller- oder Radfahren orientieren.

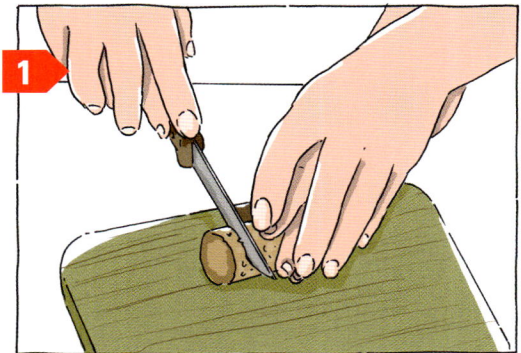

Schneide vorsichtig eine dünne Scheibe vom Korken ab. Lass dir dabei von einem Erwachsenen helfen.

Fahre mit dem Magneten in Richtung Spitze über die ganze Nadel – schön langsam, mindestens zehn oder fünfzehn Mal. So machst du aus der Nadel einen kleinen Magneten.

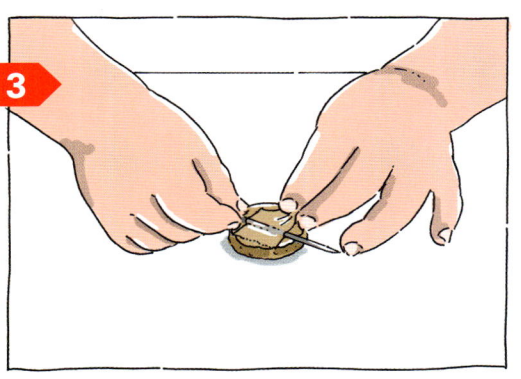

Befestige die Nadel mit einem Klebestreifen auf dem Korken.

4

Fülle die Schale mit Wasser und lege den Korken hinein. Die Nadel richtet sich nun in eine Richtung aus. Probiere das mehrmals aus – zeigt deine Nadel immer in die gleiche Richtung?

### ??? ▶ Warum ist das so?

Mit einem Kompass kannst du die Himmelsrichtungen bestimmen. Alle Kompassnadeln sind magnetisch. Sie orientieren sich an dem Magnetfeld, das die Erde umgibt. Diese magnetischen Kräfte wirken auf die Kompassnadel ein, sodass diese sich immer in die magnetische Nord-Südrichtung einstellt.

## Magnetische Linien

Unsere Erde ist von einem Magnetfeld umgeben, das sich von Süden nach Norden ausrichtet. Deshalb können wir uns an jedem beliebigen Ort mit Hilfe eines Kompasses orientieren, indem wir herausfinden, wo Norden ist. Manche Tierarten benötigen hierzu keinen Kompass – sie erspüren mit ihrem Magnetsinn die magnetischen Linien der Erde und orientieren sich daran. Am bekanntesten ist dieses Phänomen bei den Zugvögeln, aber auch Tauben, Haie und Meeresschildkröten nutzen den Magnetsinn.

**Du brauchst:**

- einen großen Eimer
  mit Erde oder
  ein Gartenbeet
- eine Schaufel
- verschiedene Dinge
  zum Vergraben,
  zum Beispiel:
  - ein Kerngehäuse
    von einem Apfel
  - einen leeren
    Joghurtbecher
  - ein Stofftaschentuch
- kurze Holzstäbe

Was gehört in einen Komposthaufen?
Vergrabe verschiedene Dinge und finde heraus,
was auf dem Kompost verrottet.

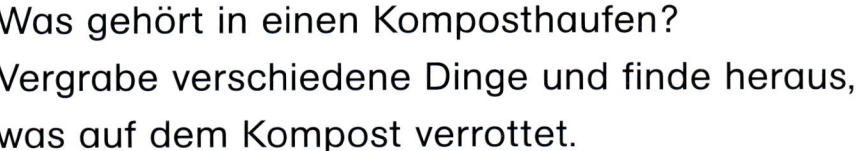

**1**

Grabe mit der Schaufel
vier Löcher in die Erde.

Lege in jedes Loch
einen Gegenstand, den
du vergraben möchtest.

**2**

**3**

Schaufle die Löcher wieder zu und stecke auf jeden neuen Erdhügel einen Holzspieß.

**4**

Nun brauchst du etwas Geduld: Warte etwa drei Wochen ab, bevor du dort, wo die Holzspieße in der Erde stecken, wieder gräbst. Untersuche, wie sich die vergrabenen Dinge verändert haben.

## ??? Was passiert?

Natürliche Stoffe, wie beispielsweise Pflanzen- oder Nahrungsmittelreste verrotten schnell; an ihnen erkennst du die größte Veränderung. Würmer und andere Tiere ernähren sich von den Resten. Papier oder unbehandelte Pappreste benötigen mehr Zeit, um sich in der Erde aufzulösen. Gegenstände aus Kunststoff verblassen mit der Zeit, verrotten aber nicht in der Erde. Sie sind daher nicht kompostierbar.

## ... noch mehr Spaß!

So legst du einen Komposthaufen an: Entferne den Boden einer Holzkiste (z.B. von Obst). Stelle sie in den Garten. Schütte nach und nach Garten- und Küchenabfälle, wie Pflanzenreste, Teebeutel, Eierschalen und Gras auf den Kompost. Es dauert einige Monate, bis aus den Abfällen neue Erde entsteht. Wie unterscheidet sich die Komposterde von der im Blumenbeet? Welche Bewohner entdeckst du darin?

# Ab in den Müll? Oh nein!

Leere Joghurtbecher und alte Konservendosen müssen nicht gleich in den Müll wandern. Denn aus diesen Dingen lässt sich tolles Spielzeug herstellen.

## Dosenstelzen

Stanze mit Hammer und Nagel zwei gegenüberliegende Löcher in den Rand einer leeren, ausgewaschenen Konservendose. Befestige eine Schnur als große Schlaufe in den Löchern. Die Schnur sollte dir etwa bis zum Bauch gehen. Mach dies ebenso mit einer zweiten Konservendose. Stelle dich dann auf die Dosenstelzen und los geht's: Wie gut läufst du auf Stelzen? Du kannst auch mit deinen Freunden um die Wette gehen.

## Rasseln aus Joghurtbechern

Wasche zwei Joghurtbecher aus und trockne sie ab. Fülle in den einen Becher ganz kleine Kieselsteine. Stelle den zweiten Becher mit der Öffnung nach unten auf den ersten Becher und klebe beide mit festem Klebeband zusammen. Je nachdem, wie groß die Joghurtbecher und die Steine darin sind, klingen die Rasseln höher oder tiefer.

⚠ Grundsätzlich gilt: Je mehr Müll du vermeiden kannst, desto besser. Bevorzuge daher Getränke aus Glasflaschen und vermeide Konservendosen und Tetrapacks, für deren Herstellung sehr viel Energie aufgewendet wird.

## Dosenwerfen

Dosenwerfen kannst du auf dem Jahrmarkt – oder mit deinen Freunden im Park oder im Garten. Dafür brauchst du neun ausgewaschene, leere Konservendosen, einen Tisch und einen kleinen Ball. Staple die Dosen zu einer Pyramide auf den Tisch. Stelle dich in einigem Abstand davor auf und wirf den Ball: Wie viele Dosen fallen um? Je weiter du dich entfernst, desto schwieriger wird es, die Dosen zu treffen.

## Tolle Taschen

Aus leeren Milch- oder Saftverpackungen kannst du witzige Taschen basteln. Öffne die Laschen oben an der Packung und klappe sie hoch, sodass der Rand gerade nach oben steht. Schneide den Rand ab, wasche die Packung innen gut aus und lass sie trocknen. Stanze zwei gegenüberliegende Löcher in die Packung und fädele eine breite Schnur als Trageriemen hindurch. Klebe zwei Streifen Klettband zum Öffnen und Verschließen der Tasche an die inneren Ränder. Du kannst die Tasche noch bemalen oder mit Filz bekleben.

## Karton auf Rädern

Bemale oder beklebe einen schmalen, leeren Verpackungskarton wie ein Auto, einen Reisebus, eine Lokomotive oder ein anderes Fahrzeug. Schneide vier gleich große Kreise als Räder aus dicker Pappe aus. Nun steckst du die Räder auf zwei Holzspieße – jeweils ein Rad an das Ende eines Spießes. Befestige die Holzspieße mit Klebeband unter dem Karton. Ziehe den Wagen an einer langen Schnur hinter dir her.

# Mini-Windrad

Für Profis

**Du brauchst:**

- einen Trinkhalm
- eine spitze Schere
- einen Korken
- einen Nagel
- einen Hammer
- einen Holzspieß

Hast du schon einmal die riesigen Windräder auf Feldern oder am Wasser gesehen? Ein kleines Windrad funktioniert nach demselben Prinzip.

Schneide den Trinkhalm an einem Ende viermal ein (etwa 4 cm weit). Klappe die vier Flügel um.

Schlage mit Hilfe von Hammer und Nagel vorsichtig ein Loch in den Korken.

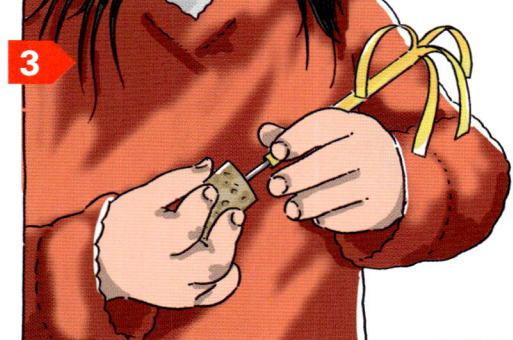

Schiebe nun einen Holzspieß durch den Trinkhalm. Stecke das untere Ende des Holzspießes in den Korken.

Puste kräftig – und schau,
wie sich das Windrad dreht.

## Flügel im Wind

### ??? ▶ Was passiert?

Ganz gleich, ob die große Windkraftanlage auf dem Feld oder das kleine Windrad aus Papier auf dem Balkon: Bei Wind setzen sich die Räder eines Windrades immer in Bewegung. Die Luft strömt gegen die Flügel des Windrades und so beginnt es sich zu drehen. Das Windrad wandelt also die Bewegung des Windes in eine Drehbewegung um.

Windmühlen sind bereits seit etlichen Jahrhunderten und in vielen Ländern verbreitet. Die großen Flügel einer Windmühle werden vom Wind angetrieben. Je nach der Region, in der die Windmühlen stehen, sehen sie ganz unterschiedlich aus. Ursprünglich wurden Windmühlen vor allem zum Zerkleinern und Mahlen von Getreide genutzt. Es gibt auch Mühlen, die Gewürze, Öle, Steine oder Senf mahlen.

4

29

# Sauberes Wasser

Für Fortgeschrittene

**Du brauchst:**
- Wasser
- Sand
- ein Gefäß
- einen Löffel
- Kaffeefilter
- einen Trichter
- ein Glas
- ein Papier-
  taschentuch

Verschmutztes Wasser wird immer wieder gefiltert, bis es wieder sauber und trinkbar ist. Das kannst du bei diesem Experiment auch probieren.

**1**

Gib etwas Wasser und Sand in ein Gefäß und verrühre beides.

Setze den Kaffeefilter in den Trichter und den Trichter auf das Glas. Siebe das Wasser-Sand-Gemisch hindurch.

**2**

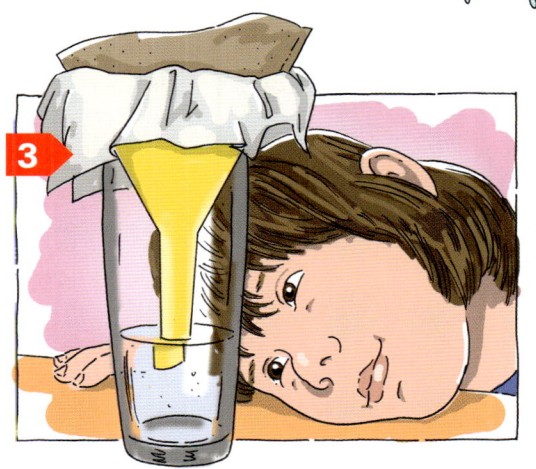

**3**

Lege das Taschentuch zwischen den Trichter und den Kaffeefilter und lass das verschmutzte Wasser noch einmal hindurchlaufen. Wiederhole diesen Vorgang mehrmals. Welche Unterschiede bemerkst du?

**??? ▶ Was passiert?**

Mit jedem Mal wird das verschmutzte Wasser klarer. Die Dreckpartikel bleiben im Filter hängen. Je feiner dein Filter ist, desto sauberer wird das Wasser. Trinken solltest du das Wasser aus diesem Versuch allerdings nicht.

## Was ist Trinkwasser?

Natürliches Mineralwasser wird durch viele Bodenschichten hindurch gefiltert. Es ist deshalb häufig schon sehr sauber. Das Wasser aus Flüssen und Seen ist nicht ganz so rein. Man nennt es „Oberflächenwasser", weil es nicht durch viele Erdschichten gefiltert wurde und oftmals der Staub von Straßen oder aus der Luft darin enthalten ist. Deshalb wird Wasser, das wir aus dem Wasserhahn trinken können, vorher in vielen Stufen gefiltert, sodass keine Bakterien mehr enthalten sind.

# Wachsende Steine

Für Einsteiger

In Tropfsteinhöhlen „wachsen" im Laufe vieler tausend Jahre mächtige Steinsäulen. Bei diesem Experiment kannst du beobachten, wie das geht.

**Du brauchst:**

- einen Topf
- einen Löffel
- heißes Wasser
- etwas Natron
- einen Trichter
- zwei Flaschen
- einen dicken Wollfaden
- eine flache Schale
-

Erhitze vorsichtig heißes Wasser in dem Topf. Lass dir dabei von einem Erwachsenen helfen. Gib das Natron in das Wasser und rühre so lange, bis es sich aufgelöst hat.

Gieße die Wasser-Salz-Flüssigkeit durch den Trichter in die beiden Flaschen. In jeder Flasche sollte gleich viel Flüssigkeit sein.

Such dir einen ruhigen Ort, an dem du den Versuch aufbauen kannst. Stelle die Schale zwischen die beiden Flaschen. Tauche jeweils ein Ende des Wollfadens in das Wasser.

Nun brauchst du einige Tage Geduld: Mit der Zeit wächst ein kristallartiges Gebilde in der Mitte des Fadens – ähnlich wie ein Stalaktit von der Höhlendecke.

**???** ▶ **Warum ist das so?**

Die Wasser-Salz-Flüssigkeit verteilt sich überall im Faden und steigt an ihm hinauf. An der tiefsten Stelle des Wollfadens tropft die Flüssigkeit nach unten. Zugleich sammelt sich mit jedem Tropfen etwas Salz an. Das liegt daran, dass das Wasser verdunstet oder nach unten tropft, während die Salzteilchen nach und nach hängen bleiben. So entsteht ein Stalaktit.

## Besondere Höhlen

In manchen Höhlen gibt es große Tropfsteine, die entweder eiszapfenförmig von der Decke herabhängen (Stalaktiten) oder vom Boden nach oben wachsen (Stalagmiten). Manchmal wachsen auch beide zu einer Säule zusammen (Stalagnaten). Tropfsteine entstehen dadurch, dass kalkhaltiges Wasser sehr langsam auf eine Stelle tropft und verdunstet. Dabei werden winzige Mineralien abgelagert. Dies führt nach einigen tausend Jahren zu großen Steinsäulen.

# Alles klar!

## Du brauchst:

- alte Kleidung
- etwas Holzkohle
- eine Plastiktüte
- einen Gummihammer
- ein feines Sieb
- Wasser
- eine Schere
- eine durchsichtige
  Plastikschale
  (z.B. von Pfirsichen)
- weißes Löschpapier
- ca. 400 g Sand
- ca. 400 g Kies
- einen Eimer
- einen Kuchenrost
  aus dem Backofen

Verschmutztes Wasser wird in einer Kläranlage wieder gereinigt. Hier kannst du selbst eine einfache Kläranlage im Freien bauen.

Lege die Holzkohle in die Plastiktüte und verschließe diese gut. Schlage mit dem Hammer auf die Kohle und zerkleinere sie so in kleine Stücke.

Wasche nacheinander Holzkohle, Sand und Kies in dem feinen Sieb unter laufendem Wasser. Mach dies am besten im Freien und langsam, damit es nicht zu sehr staubt.

Schneide vorsichtig kleine Löcher in den Boden der Kunststoffkiste und lege sie innen mit weißem Löschpapier aus, das du an den Rändern hochklappst.

Schichte zwei Fingerbreit Kohle, dann Sand und oben den Kies auf das Papier. Vermische die Schichten möglichst nicht.

Lege den Kuchenrost auf den Eimer und stelle die Kläranlage darauf. Gieße nacheinander verschiedene Flüssigkeiten hinein, zum Beispiel Tee, Schmutzwasser oder gebrauchtes Spülwasser.

## ??? Was passiert?

Die winzigen Staub-, Schmutz- und Fettpartikel bleiben zum Teil zwischen der feinen Kohle, dem Sand und dem Kies hängen. So werden die Flüssigkeiten gereinigt und kommen sauberer aus der Kläranlage heraus. Dies kannst du an der helleren Farbe erkennen. Untersuche, was deine Kläranlage gut reinigen kann und welche Flüssigkeiten sich nicht oder nur schlecht filtern lassen.

## ... noch mehr Spaß!

In der Kläranlage werden Flüssigkeiten gereinigt. Dabei trennen sich Schmutzpartikel und Wasser voneinander.
Du kannst aber auch feste Stoffe, wie zum Beispiel Gemische aus Sand, Kies, und Erde, durch Sieben trennen. Siebe das Gemisch gut durch. Was bleibt im Sieb hängen? Verwende auch verschiedene Siebe, zum Beispiel ein grobes Sandkastensieb und ein feines Küchensieb.

# Forscher, aufgepasst!

Viele Fragen rund um die Umwelt, und noch mehr Antworten – aber welche davon sind richtig? Mach mit bei Agathes Umweltquiz und teste dein Wissen!

Die Antworten findest du in diesem Buch!

☑ ☒ ☐

## ▶ Was verrottet?

1. Gummistiefel
2. Blechdose
3. Apfelrest

## ▶ Warum wachsen Pflanzen in einem Gewächshaus schneller als im Freien?

1. Weil es dort wärmer ist
2. Weil es dort so viel regnet
3. Weil sie dort Gesellschaft haben

## ▶ Welches Tier orientiert sich am Magnetfeld der Erde?

❶ Kuh
❷ Hai
❸ Igel

## ▶ Was bestimmst du mit einem Kompass?

❶ die Windrichtung
❷ die Himmelsrichtung
❸ die Uhrzeit

## ▶ Welchen Teil sieht man meist nur von einem Eisberg?

❶ den unteren Teil
❷ die Spitze des Eisbergs
❸ gar nichts

## ▶ Was brauchen viele Pflanzen zum Wachsen?

❶ Elektrisches Licht
❷ Mondlicht
❸ Sonnenlicht

## ▶ Was ist Magma?

❶ kaltes Gestein im Gebirge
❷ flüssige, heiße Gesteinsmassen im Inneren der Erde
❸ ein mittelalterliches Wort für Mutter

# Gefrorenes Wasser

Für Einsteiger

**Du brauchst:**

- Wasser
- einen Messbecher aus Plastik
- einen Stift
- einen Gefrierschrank

Woraus besteht eigentlich Eis? Und was braucht mehr Platz: Wasser oder Eis? Beides kannst du bei diesem Experiment herausfinden.

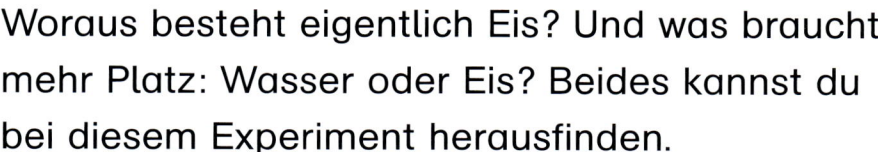

**1** Fülle den Messbecher etwa bis zur Hälfte mit Wasser.

Male dort, wo das Wasser aufhört, eine Markierung auf den Behälter.

**2**

**3**

Stelle den Messbecher über
Nacht in den Gefrierschrank.

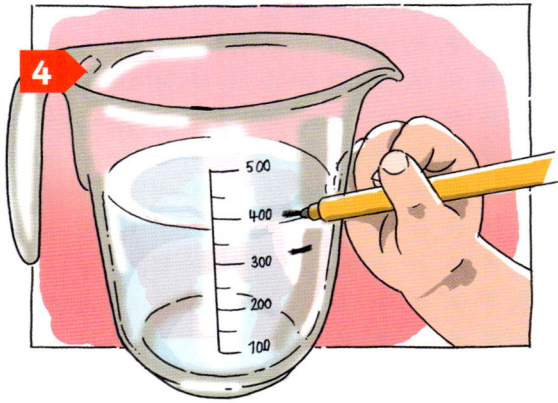

**4**

500
400
300
200
100

Am nächsten Morgen ist das
Wasser gefroren. Wie hoch
steht das Eis im Messbecher?
Zeichne auch hier eine
Markierung ein und vergleiche.

**??? ▶ Warum ist das so?**

Eis ist gefrorenes Wasser. Das Wasser dehnt sich beim Einfrieren aus. Gefroren nimmt es mehr Raum ein als im flüssigen Zustand. Denn die Struktur des Eises, eine Art Kristallgitter, beansprucht mehr Platz als die des Wassers. Das kannst du an den beiden Markierungen am Messbecher erkennen.

**✳ ✳ ... noch mehr Spaß!**

Aus gefrorenem Wasser kannst du interessante Formen und Figuren herstellen. Stecke dazu Kieselsteine, Spielfiguren, Zweige oder Blumen in Luftballons. Fülle die Ballons mit Wasser und verknote die Öffnung. Später nimmst du die Eisbälle aus dem Gefrierfach und entfernst die Luftballonhaut. Stelle die Eisgebilde auf eine Untertasse. Während sie in der Sommersonne recht schnell schmelzen, kannst du sie im Winter, wenn es friert, länger anschauen.

# Die Kraft der Sonne

Für Einsteiger

**Du brauchst:**

- zwei mittelgroße Steine
- einen sonnigen Tag

Ohne die Sonne gäbe es kein Leben auf unserer Erde. Ihre Strahlen sorgen zum Beispiel für Licht und lassen Pflanzen wachsen. Was bewirkt die Sonne noch?

**1** Lege einen Stein in die Sonne.

**2** Lege den zweiten Stein an einen dunklen, schattigen Ort.

**3**

Hab etwas Geduld. Nimm den in der Sonne liegenden Stein nach einiger Zeit in die Hände. Spürst du, wie warm er ist? Wie fühlt sich im Vergleich dazu der Stein an, der im Schatten liegt?

## ??? ▶ Warum ist das so?

Die Sonne sorgt für Hellig-keit und Wärme. Ihr Licht erwärmt den Boden und die Luft. Zusammen erwärmen sie den Stein. Der Stein, der im Schatten liegt, wird von den Sonnenstrahlen nicht direkt erreicht. Deshalb ist er kühler als der Stein, der in der Sonne liegt.

## Strom und Wärme

Die Energie der Sonne wird in unserem Alltag auf vielfältige Weise genutzt. Der Strom für elektrische Geräte und Maschinen kann aus Sonnenstrahlen gewonnen werden. Dies nennt man Fo-tovoltaik. Auch warmes Wasser zum Heizen, Kochen oder Baden erhal-ten wir durch die Sonnenenergie. Diese Technik heißt Solarthermie. An den schwarzen oder dunkelblauen Platten auf den Hausdächern kannst du er-kennen, dass hier die Energie der Sonne genutzt wird.

# Ein Haus für Pflanzen

## Du brauchst:

- einen Schuhkarton
- eine Schere
- Klebeband
- vier Holzstäbe
- Pflanzen in Töpfen (z.B. Tomaten, Kresse oder Blumen)
- durchsichtige Plastikfolie

In einem Gewächshaus wachsen Blumen und Gemüsepflanzen, für die es unter freiem Himmel zu kalt ist. Hier kannst du selbst ein Gewächshaus bauen.

Schneide die Wände des Schuhkartons so weg, dass nur ein kleiner Rand übrig bleibt.

Befestige mit Klebeband jeweils einen Holzstab in einer Ecke der Kiste.

Stelle die Töpfe mit den Pflanzen in den Karton. Stich in die Plastikfolie ungefähr 50 kleine Löcher, damit die Pflanzen Luft bekommen.

**4**

Lege die Plastikfolie über die vier Holzstäbe und die Pflanzen. Klebe sie so fest, dass unten am Karton kleine Öffnungen frei bleiben. So kommt Luft herein, aber die Wärme bleibt unter der Folie.

Unter der Plastikfolie gedeihen die Pflanzen besonders gut. Denn die Sonne erwärmt die Luft unter der Folie. Und wenn du das Gewächshaus so verschlossen hast, dass wenig kalte Luft hineinströmen kann, bleibt es darin warm. Diese Wärme fördert das Wachstum der Pflanzen.

**5**

Stelle das Mini-Gewächshaus an einen sonnigen Ort und gieße die Pflanzen regelmäßig. Du kannst auch eine weitere Pflanze ins Freie stellen und vergleichen, welche besser gedeiht.

**... noch mehr Spaß!**

Auf einem sonnigen Balkon kannst du eigene Pflanzen ziehen. Fülle Blumenerde in einen Tontopf. Weiche die Samen der Pflanze, die du dir ausgesucht hast, einige Stunden ein, bevor du sie in den Topf legst. Bedecke etwa sechs Samen mit einer fingerbreiten Schicht Erde. Lege über den Topf eine durchsichtige Folie (Frischhaltefolie), in die du einige Luftlöcher piekst, und stelle ihn dann an einen sonnigen Ort. Gieße die Samen regelmäßig – und bald wachsen daraus die ersten Pflänzchen.

# Brodelnder Vulkan

Für Fortgeschrittene

**Du brauchst:**

- eine Flasche (0,5 l)
- zwei Päckchen Backpulver
- Mehl
- den Deckel eines Schuhkartons
- Sand
- Essig
- einen Becher
- rotes Krepppapier
- einen Löffel
- einen Trichter

Ein Vulkanausbruch ist ein faszinierendes und bedrohliches Naturschauspiel zugleich. Im Sandkasten kannst du deinen eigenen Vulkan ausbrechen lassen ...

Fülle zwei Päckchen Backpulver und die gleiche Menge Mehl in die leere Flasche.

Stelle die Flasche in den Deckel eines Schuhkartons. Forme aus Sand einen Berg um die Flasche herum. Lass dabei die Öffnung oben frei.

Gieße etwas Essig in einen Becher und lege einige Stücke Krepppapier hinein. Verrühre beides, bis der Essig rot gefärbt ist. Dann entfernst du das Krepppapier.

Fülle den Essig durch den Trichter in die Flasche. Beobachte nun den Vulkan.

??? **Was passiert?**

Nach kurzer Zeit blubbert es in deinem Vulkan und das rote Essigwasser – die „Lava" – steigt aus der Öffnung. Das liegt daran, dass der Essig mit dem Mehl und dem Backpulver reagiert. Das Gemisch fängt an zu brodeln, weil unter anderem Kohlendioxid entsteht. Es breitet sich aus, bis es in der Flasche nicht mehr genug Platz findet und aus der Öffnung dringt.

# Vulkanausbrüche

Bei einem Vulkanausbruch drängt flüssiges Gestein aus dem Inneren der Erde durch die feste Erdkruste. Diese heißen, flüssigen Gesteinsmassen nennt man Magma. Sobald sie an die Erdoberfläche gelangt, wird aus der Magma ein fließender Strom, der dann als Lava bezeichnet wird.

Vulkane gibt es sowohl an Land als auch unter Wasser. Bricht ein Vulkan auf dem Meeresboden aus, kann dabei sogar eine Insel entstehen.

## Weitere Titel in dieser Reihe:

Experimente rund ums Fliegen
**978-3-480-22298-8**

Experimente mit Licht und Schatten
**978-3-480-22299-5**

Experimente rund um unsere Sinne
**978-3-480-22300-8**

Experimente rund um die Natur
**978-3-480-22301-5**

Experimente mit Klängen und Tönen
**978-3-480-22336-7**

Experimente rund um die Farben
**978-3-480-22337-4**

Experimente rund um Technik
**978-3-480-22415-9**

## Bildnachweis

**IStock:**
**S. 11:** Vera Bogaerts; **S. 15:** Sue Colvil;
**S. 21:** Lanica Klein; **S. 23:** Keith Flood;
**S. 26 (l.):** Amanda Rohde; **S. 26 (Mitte):**
Olga Lyubkina; **S. 26 (r.):** Dan Fletcher;
**S. 27 (o.r.):** Kameleon007; **S. 27 (u.l. und
Mitte r.):** Asli Cetin; **S. 27 (u.r.):** Tom Brown;
**S. 27 (u.r.):** Mitch Aunger; **S. 29:** Yuriy
Brykaylo; **S. 31:** Michael Howard; **S. 33:**
Gertjan Hooijer; **S. 36 (o.):** Maartje van
Caspel; **S. 36 (u.):** Ana Amorim; **S. 37
(Mitte o.):** Sebastian Duda; **S. 37 (o.l.):**
Peter Bates; **S. 37 (o.r.):** Ivan Mateev;
**S. 37 (u.):** Mario Hornik; **S. 41:** Richard
Schmidt-Zuper; **S. 45:** Julien Grondin;
**Titelfoto (Mitte o.l.):** Nicole S. Youngv;
**Titelfoto (Mitte o.r.):** ooyoo; **Titelfoto (Mitte
u.l.):** Greg Randles; **Titelfoto (Mitte u.r.):**
Ivan Bajic; **Titelfoto (o.r.):** Sascha Burkard;
**Titelfoto (u.l.):** esemelwe; **Rückseite (o.):**
Maartje van Caspel; **Rückseite (Mitte):** Yuriy
Brykaylo; **Rückseite (u.):** Michael Howard